ATS LIBRES DE DAUPHINÉ

DISCOURS

PRONONCÉ A ROMANS, LE 11 NOVEMBRE 1891

DANS L'ÉGLISE SAINT-BARNARD

PAR

MONSEIGNEUR DE CABRIÈRES

ÉVÊQUE DE MONTPELLIER

MONTPELLIER

JEAN MARTEL AÎNÉ, IMPRIMEUR DE N. S. P. LE PAPE
ET DE MONSEIGNEUR L'ÉVÊQUE

rue de l'Université, 3 (ancienne rue Blanquerie).

M DCCC XCI

ÉTATS LIBRES DE DAUPHINÉ

DISCOURS

PRONONCÉ A ROMANS, LE 11 NOVEMBRE 1891

DANS L'ÉGLISE SAINT-BARNARD

Par MONSEIGNEUR DE CABRIÈRES

ÉVÊQUE DE MONTPELLIER

NÉCESSITÉ — CONSÉQUENCES — AVENIR

DU CONCORDAT DE 1801

Messeigneurs (1),

Mesdames, Messieurs,

Je vous remercie de m'avoir, une seconde fois, fait l'honneur de m'appeler dans cette ville, au nom des souvenirs de famille qui me rattachent à Romans et au Dauphiné. Il y a deux ans, sous les auspices de votre vaillant Évêque, aussi distingué par les qualités du cœur que par celles de l'esprit, en présence de cet Archevêque d'Aix, à qui les suffrages de la presse ont décerné une primatie glorieuse, justifiée par son énergique attitude à l'égard des puissants et par son amour paternel envers les humbles et les pauvres, vous célébriez le Centenaire de l'Assemblée de 1788, formée ici par nos communs ancêtres. On fit revivre, devant nous, les souvenirs de cette réunion mémorable, mieux ordonnée et plus légale que celle de Vizille, mais animée de sentiments pareils, et dans laquelle, sous le calme et la majesté des cérémonies et des formules traditionnelles, on sentait frémir déjà les premiers tressaillements des grandes secousses politiques et religieuses, qui, quelques mois plus tard, allaient ébranler et détruire l'édifice de la monarchie chrétienne et française. J'évoquai, s'il

(1) Mgr. Cotton, évêque de Valence, et Mgr. Fava, évêque de Grenoble.

m'est permis de le rappeler, les figures nobles et touchantes de ces hommes, illusionnés peut-être par de généreuses utopies, séduits par de brillants mirages, mais courageux, désintéressés, capables de reconnaître et de désavouer leurs erreurs, et que la Révolution devait achever d'illustrer, en les condamnant à la mort.

Après la mienne, d'autres voix, bien plus éloquentes, s'élevèrent pour vous parler de ce passé de 1789, à la fois si lointain et si proche de nous. Appuyé sur le compagnon et l'ami de sa jeunesse, sur ce descendant des illustres races dauphinoises (1), dont le vieil écusson méritait de symboliser toutes les grandeurs anciennes de votre province, M. le comte Albert de Mun nous apparut comme le type achevé du nouvel apostolat, offert par les besoins de notre époque au zèle des classes dirigeantes vis-à-vis des classes ouvrières. Et, sur ses lèvres ardentes, vous vîtes briller une flamme, meilleure que celle qui consuma si vite l'âme et la vie des orateurs de la Constituante.

Il vous parla de cette date et de ce mouvement, « non pour vous adjurer de relever l'ancien régime », mais pour vous inviter à reprendre l'œuvre, à peine indiquée, « des réformes nécessaires », inaugurées en 1789, et que la violence avait si promptement arrêtées. Vous vous souvenez de votre enthousiasme et de la confiance joyeuse, avec laquelle votre assemblée se sépara, saluant l'aurore de temps nouveaux, où la liberté civile et la foi

(1) M. René de La Tour-du-Pin-Chambly, marquis de La Charce.

religieuse ne se combattraient plus, où la France et l'Eglise, unies sans être confondues, verraient tous leurs enfants travailler de concert à relever les mœurs et les croyances, où enfin les rêves, caressés par nos aïeux, deviendraient d'utiles et fécondes réalités.

Commencée à Romans, « la commémoraison » des États s'est renouvelée sur toute la surface du pays. Du Nord au Midi, de l'Est à l'Ouest, on a repris en mains ces « cahiers », jaunis par le temps, qui gardaient le dépôt de tant d'idées justes et vraies, de tant de vœux sages et élevés; on y a admiré la loyauté, la bonne foi, le talent, la prévoyance de ces députés des Trois États, qui voulaient sans doute remédier aux abus de l'absolutisme royal, mais qui croyaient sincèrement la nation capable de se réformer elle-même, sans sortir de ses traditions, et sans renier ni ses serments ni son baptême.

Et, parce que la centralisation administrative comprime avec excès les forces individuelles et la vie locale, les esprits, vraiment amis de la liberté, ont repris, partout, en France, le désir de reconstituer des Assemblées Provinciales, des « États libres », qui donneraient à chaque région une voix forte et indépendante, capable de se faire entendre et respecter.

La fière Bretagne, regrettant la destruction de sa légitime autonomie, a demandé à ses sénateurs et à ses députés d'appuyer tous les projets, qui tendraient à diminuer et à détruire progressivement l'hégémonie, « usurpée par la capitale sur le reste de la France ». Et, par voie de conséquence, elle a exprimé le vœu que

« la forte organisation des Assemblées provinciales devienne la garantie de la stabilité, de la sécurité et de la liberté des institutions politiques, en les soustrayant à la funeste influence des hommes de révolution ».

Vous, Messieurs, pénétrés des souvenirs des États de Dauphiné, « vous avez convoqué vos compatriotes à une sorte de congrès pacifique, pour développer l'esprit d'association et donner à chaque profession le moyen de se défendre efficacement par elle-même » (1). Vous ne regardez plus en arrière de vous; vous ne songez qu'à préparer et à assurer l'avenir. Vous voulez le rendre meilleur et plus heureux.

« ... Vous ne prétendez personnellement à préconiser ou à faire prévaloir aucune idée préconçue. Vous invitez chacun à apporter à l'œuvre commune sa part de lumières, d'expérience et de dévouement. Votre comité a la conviction profonde qu'il résultera un bien sérieux de cette mise en commun des efforts de tous, et qu'un grand pas sera fait dans la voie de l'organisation sociale, le jour où les membres des corps professionnels sauront se grouper et se consulter... »

« Votre Assemblée ne se substitue pas aux groupements professionnels pour l'étude des questions spéciales; elle ne cherche pas à faire triompher des systèmes, arrêtés d'avance; elle veut simplement aider à la reconstitution des forces sociales, en faisant comprendre que les opinions politiques sont un lien factice, et que

---

(1) *Impartial de Romans*, Novembre 1891.

le véritable trait d'union, c'est la profession ou la communauté des intérêts... »

« Aucune bonne volonté ne sera d'ailleurs écartée et l'Assemblée conservera néanmoins son caractère représentatif...

» *Toutes les associations*, sans distinction, ont été convoquées; la porte a été aussi grandement ouverte que possible à tous ceux qui veulent travailler à la restauration de l'ordre social... » (1).

Dans un appel si large, vous ne pouviez exclure le Clergé. Seul, après la ruine de la noblesse et la transformation totale du tiers-état, il garde l'unité, la cohésion, qu'il tient de son indestructible hiérarchie. Seul, il est encore debout, sans que les changements, survenus dans sa fortune ou son influence, aient modifié son caractère ou diminué l'importance de son rôle social.

Soucieux, comme vous l'êtes, de protéger vos foyers que menacent tant de dangers, vous deviez songer aussi à défendre vos autels. Mieux encore que les payens, vous savez que le repos, l'honneur, la prospérité de la famille ne sont jamais assurés que lorsque ces biens suprêmes et sacrés sont confiés à la garde de Dieu. Résolus à travailler pour la paix et la joie de vos demeures, — *pro focis* —, vous aviez besoin de vous réunir et de prier autour de ces autels, — *pro aris*, — où, depuis dix-neuf siècles, se renouvelle le sacrifice quotidien, qui a payé sur le Calvaire la rançon du monde.

(1) *Impartial de Romans,* Novembre 1891.

Évêques attachés à votre province, ou par l'origine et le sang, ou par les fonctions, nous sommes venus applaudir à votre initiative, approuver et bénir vos efforts, témoigner de notre sympathie pour les classes laborieuses, bénir et consacrer vos entreprises, en vous rappelant que, selon la belle parole du Psalmiste : « Si Dieu n'édifie pas la maison, ceux qui cherchent à la bâtir, cherchent vainement » (1).

Mais, pour répondre à la confiance que m'ont témoignée de concert et votre éloquent Évêque et notre commun Métropolitain, en me confiant l'honneur de vous adresser la parole en leur nom, quel sujet traiterai-je devant vous, au nom de cet ordre du Clergé, contre lequel, en France, un si grand nombre de nos contemporains nourrissent tant de préjugés, accueillent tant d'insinuations perfides, et répandent tant de calomnies? Je souhaiterais vous entretenir quelques instants de ce Concordat de 1801, qui vient d'être, récemment encore, l'occasion de discussions si ardentes, et auquel nous tenons, moins par les avantages qu'il nous assure que par les souvenirs qu'il nous rappelle, et par les espérances dont il nous laisse le bienfait.

Nécessité du Concordat — conséquences de cet acte — avenir qui lui est réservé : voilà les trois questions, que je vais essayer de traiter.

(1) Ps. 126.

I

Le 24 août 1790, l'Assemblée Constituante, contre son mandat et contre toutes les règles canoniques, détruisit l'ancienne Église Gallicane. Par sa seule autorité, et sans recourir à l'indispensable intervention du Souverain Pontife, elle supprima plusieurs métropoles, un grand nombre de sièges épiscopaux, et créa de nouvelles circonscriptions pour tous les diocèses. Ce fut là le point de départ de tous les désordres, qui, pendant dix ans, troublèrent les consciences, produisirent d'immenses scandales, et coûtèrent la vie à tant d'Évêques et de prêtres fidèles, tandis qu'ils occasionnaient la chûte lamentable des Évêques et des prêtres « constitutionnels ».

Je n'ai pas à vous faire le tableau de cette cruelle persécution, si sanglante et si glorieuse. Il n'y a pas de village, si retiré soit-il, où, après un siècle, on ne raconte encore les scènes douloureuses, qui, en jetant alors la terreur dans les âmes chrétiennes, firent revivre à côté de l'héroïsme des martyrs les honteuses défections de quelques apostats. Mais ce que, peut-être, il faut vous faire remarquer, c'est le triste état dans lequel le Clergé de France et le peuple catholique étaient tombés, par suite des violences exercées contre les prêtres, qui avaient refusé le serment.

Tous les Évêques, à l'exception de quatre, avaient dû chercher dans les pays étrangers une protection qu'ils ne trouvaient plus dans leur patrie.

Leur juridiction subsistait intacte et entière; le Pape même l'avait étendue, à cause des malheurs des temps; mais les vicaires généraux, loin d'être en sûreté, et de pouvoir par conséquent conduire librement leur administration, avaient besoin de recourir à mille stratagèmes pour se protéger eux-mêmes, et protéger aussi les grands intérêts, dont ils avaient le dangereux dépôt. La confusion était si grande, que l'on ne savait ni à qui obéir, ni où rencontrer ceux dont on dépendait. Les églises, les lieux sacrés avaient été livrés à des usages profanes, ou remis aux mains des ecclésiastiques, flétris par le nom de « jureurs ». Et ceux-ci, à mesure que durait la Révolution, ou s'enfonçaient dans le vice, ou renonçaient à toute fonction sacerdotale. Il n'y avait plus de culte catholique que dans le secret, à la condition d'affronter mille périls ; et cette situation si effrayante n'était pas encore changée en 1796, bien que, par sa durée elle-même, la violence perde toujours quelque chose de son intensité.

En tout cas, le clergé constitutionnel, appuyé par les formes légales, soutenu quelquefois par les municipalités, jaloux de conserver sa situation officielle, que tout changement dans l'orientation politique aurait ébranlée, craignait des représailles trop justifiées, ou l'explosion du mépris public, si ce mépris pouvait à la fin se manifester librement.

Pour toutes ces raisons, et malgré la lassitude ou même l'horreur que les crimes de la Révolution avaient provoquées chez un grand nombre d'hommes, on ne prévoyait nullement par quelles mains les blessures, encore saignantes, de l'Église catholique pourraient être pansées et guéries en France.

Comme l'a dit excellemment un auteur étranger, « par une exception unique dans l'histoire, la Révolution Française fit, en quelques années, ce que l'invasion d'un peuple ennemi aurait eu peine à accomplir. Ce fut vraiment l'éruption d'un volcan ; non pas tant, parce qu'il sembla sortir alors du sol national des jets violents et brûlants d'une flamme souterraine, terrible dans leur puissance, mais parce que toute la surface du pays fut couverte de scories et de cendres, sous lesquelles il semblait que toute végétation et toute fécondité fussent à jamais étouffées. Grâces à Dieu ! c'était là une erreur. Le temps et les orages allaient vite emporter cette poussière stérile, pour laisser bientôt aux germes, contrariés dans leur épanouissement, mais encore vivants, la liberté de se faire jour, de grandir et de montrer, sur les champs noircis, leurs tiges verdoyantes » (1).

Laissés à eux-mêmes, ces éléments disparates — ces cendres et ces scories — ne se seraient jamais rapprochés ni fondus ; et quand bien même, — par une hypothèse inadmissible —, le Tribunal ou les Consuls eussent autorisé les anciens Évêques à revenir et à tenter de réorganiser leurs diocèses, à côté des nouveaux diocèses, formés par la Constituante, on voit d'ici quelle confusion, quels tiraillements seraient nés de cette coexistence monstrueuse. La religion ne se

(1) C. Wiseman, *les quatre derniers Papes*, ch. IV.

serait jamais relevée du discrédit, où tant de disputes inévitables l'auraient jetée. Nous supporterions encore aujourd'hui, après un siècle écoulé, les conséquences affreuses d'une telle décomposition, d'une ruine aussi irréparable. C'en était fait de l'Église de la France.

Il était donc nécessaire que, réduisant au silence les Conventionnels et les Révolutionnaires de tout nom et de tout rang, que l'idée seule de la religion mettait en fureur, contenant dans une obéissance passive les évêques et les prêtres Constitutionnels, une volonté vigoureuse dominât cette situation si critique, et permît à la nation, épuisée par dix années d'angoisses mortelles, de se retrouver elle-même et de se rattacher à ses traditions chrétiennes.

Cette volonté, excitée par les vues du plus vaste génie, fut celle de Bonaparte. A vingt-cinq ans, en 1796, pendant la campagne d'Italie, ce jeune général, « qui lassait la victoire à le suivre », eut déjà, pour l'infortuné Pape Pie VI, des paroles, à la rudesse desquelles se mêlait un accent ému et presque respectueux : « Dites au Pape que je ne suis pas un Attila ; et quand je le serais, qu'il soit comme saint Léon ! » Ce n'était pas encore la paix, mais l'orage s'éloignait.

En 1797, l'idée d'une réconciliation entre l'Église et la République Française s'était nettement présentée à l'esprit du vainqueur d'Arcole, et il était allé jusqu'à remettre à Mgr. Caleppi (1) une note, destinée à passer sous les yeux de Pie VI, et qui exprimait ce vœu.

(1. Theiner, *les Deux Concordats*, i 6.

Trois ans devaient s'écouler encore, avant qu'il pût être réalisé. Enfin, en 1800, le 13 juin, devant le clergé de Milan, le Premier Consul, déjà maître absolu du pouvoir, déclara ouvertement que si, en sa qualité d'agent du Directoire, il n'avait pu empêcher « les désordres, que ce gouvernement excitait volontairement, pour avoir un prétexte de renverser la religion catholique, lui-même se sentait désormais assez fort pour assurer et garantir cette religion ». Il ajouta même que, en France, le peuple voyait avec respect « ses saints pasteurs revenir, pleins de zèle, au milieu de leurs troupeaux abandonnés » (1).

De telles affirmations et d'autres, plus explicites encore, directement adressées au Pape Pie VII, qui venait de s'asseoir sur le siège de Pierre, déterminèrent le Souverain-Pontife à envoyer à Paris, comme ses représentants attitrés, pour traiter cette affaire d'un intérêt si considérable, Mgr. Spina, le P. Caselli et, plus tard, le Cardinal Hercule Consalvi.

Nous n'avons pas ici à raconter les détails de cette laborieuse négociation, qui dura plusieurs mois — du 8 novembre 1800 au 16 juillet 1801. Les envoyés du Saint-Père eurent à combattre, pied-à-pied, pour maintenir, autant que possible, les droits inaliénables de l'Église contre les représentants de la France, le conseiller d'État Crétet et l'abbé Bernier. Ceux-ci se montraient sur la scène ; mais, derrière eux, se tenait

(1) Dom Chamard, *la Révolution, le Concordat et la Liberté religieuse*, p. 87.

Talleyrand, ancien évêque d'Autun, devenu ministre des relations extérieures, et qui, sans connaître encore le repentir, avait hâte du moins de voir effacées les traces du schisme constitutionnel, dans lequel il était entré l'un des premiers.

Mais si difficile qu'ait été la conclusion de cet arrangement célèbre, dont la date marque la renaissance de l'Église en France, et dont les résultats se sont continués jusqu'à nos jours, ces difficultés elles-mêmes prouvent que, sans le prestige et l'impérieuse autorité de Bonaparte, jamais la République Française n'eût fait la paix avec le Saint-Siège. Aussi, pour apprécier le Concordat, faut-il se rapporter au temps où il a été signé, et aux circonstances qui l'ont accompagné. Pour moi, Messieurs, je n'hésite pas à répéter, et à m'approprier la touchante définition, que Pie VII donnait de ce mémorable traité, seize ans après l'avoir conclu : « Le Concordat fut un acte chrétiennement et héroïquement sauveur » (1). Si le Pape s'exprimait ainsi, c'est que cet acte avait été nécessaire.

Attendez-vous de moi, Messieurs, que je vous expose, à mon point de vue, dans quelles pensées Napoléon a voulu relever le culte catholique en France ?

Vous étonnerai-je, si je vous confesse que je n'attribue pas cet acte réparateur aux seuls calculs d'une politique égoïste ? Certes ! Napoléon n'était pas un chrétien très convaincu ni très fervent, mais il avait un fonds réel de religion. Il sentait la force de cette institution, vieille

(1) Lettre au cardinal Consalvi, alors à Londres, 1817.

de dix-huit siècles, qui avait donné à l'Europe sa civilisation. Et quand on lui proposa d'établir un culte nouveau, ou d'embrasser le protestantisme, il répondit, par l'organe du Conseiller d'État, Portalis : « on ne fait pas une religion, comme on promulgue des lois. » « C'est une grande maxime d'état, qu'il ne faut point chercher mal à propos à changer une religion établie » (1).

Dans le but de mettre fin à l'anarchie morale, créée en France par la Révolution, et qui rendait impossible ou précaire l'établissement de tout vrai gouvernement, le Premier Consul voulut restaurer le culte traditionnel de la France, la religion catholique, seule capable de ramener la paix dans les âmes et l'ordre dans les esprits.

Pour cela, sans tergiverser, Il s'adressa au Chef reconnu de la Catholicité (2), s'exposant ainsi à irriter la

---

(1) Discours de Portalis, 15 germinal, an X.

(2) Comment maîtriser sa surprise, quand on lit, au *Journal officiel*, dans un texte qui fait foi, la déclaration suivante du Ministre des Cultes, M. Fallières ?

« Je *ne suis d'accord* ni avec l'honorable M. de Marcère, ni
» avec l'honorable M. Goblet, lorsque chacun d'eux déclare,
» dans des termes différents, que le *traité de 1801 a été conclu*
» *entre deux puissances rivales et* SOUVERAINES L'UNE ET
» L'AUTRE.

» *Le Concordat de 1801 a été fait par la puissance sou-*
» *veraine de France* ».

C'est la suppression, au bas du Concordat, de la signature du Saint-Siège, c'est-à-dire de la signature, qui, seule, en ce cas et par rapport à cet objet, peut lier nos consciences.

Mgr. Turinaz, évêque de Nancy, dit avec raison, dans sa lettre très éloquente du 15 décembre, adressée à *l'Univers* : « Si l'affirmation de M. le Ministre exprimait la pensée du Gouver-

plupart de ceux qui, à cette époque, occupaient les charges et remplissaient les fonctions publiques. Beaucoup d'entre eux, en effet, si ce n'est tous, avaient sur la conscience une apostasie ou un sacrilège, des vols ou des assassinats. Un frein moral, tel que le culte légué par leurs ancêtres, et qu'ils avaient volontairement rejeté, ne pouvait exciter leurs sympathies. Il fallut au futur Empereur toute la pénétration et toute la puissance de son génie pour lui inspirer de résister à tout le monde officiel, qui l'entourait et le jalousait.

On raconte qu'un certain général Delmas, interrogé par Napoléon sur les impressions que lui avait faites le *Te Deum*, chanté à Notre-Dame, après la signature du Concordat, lui répondit insolemment: « Vous venez de faire là une fière capucinade : ce n'était pas la peine de faire exterminer deux millions de français pour détruire ce que vous venez de rétablir » (1).

nement français, signataire du Concordat, les Papes auraient été indignement trompés ! »

Mais Napoléon, lui-même, dans sa Proclamation au Peuple Français, datée du 27 germinal, an IX, a pris soin de réfuter d'avance des opinions aussi peu fondées. « Il fallait, dit-il, rasseoir la religion sur ses bases, et on ne pouvait le faire que par des mesures, avouées par la religion même. C'était au Souverain-Pontife, que l'exemple des siècles et la raison commandaient de recourir, pour rapprocher les opinions et réconcilier les cœurs... Sa voix s'est fait entendre aux pasteurs. Ce qu'*Il* approuve, le gouvernement l'a *consenti* ; et les législateurs en ont fait une loi de la République. »

(1) Alzog, *Hist. Eccl.*, IV, p. 131. — Ch. d'Héricault, *Régime moderne*, p. 90.

En dépit de ces oppositions, bientôt réduites à être muettes, Bonaparte réalisa l'œuvre, dont il avait si profondément mesuré la portée. Sans doute, il comprit qu'elle ne nuirait point à ses projets ultérieurs, qu'elle les servirait peut-être. Mais parce que, en définitive, il avait, en signant le Concordat, suivi une pensée élevée, ce souvenir lui resta précieux et cher. On raconte que, à Sainte-Hélène, quant il repassait sa propre histoire à la lumière de l'expérience, et quand les négociations de 1801 lui revenaient en mémoire, il s'écriait toujours : « Je ne regrette point ce que j'ai fait alors. Il me fallait un traité de cette sorte, celui-là ou un autre; et si, à ce moment, il n'y avait pas eu de Pape, il eût fallu en créer un » (1).

Et de fait, la pacification de l'Église de France, le rétablissement du culte, la restauration légitime et régulière de la hiérarchie épiscopale, voilà, peut-être, les grands objets, qui expliquent pourquoi la Providence a permis l'apparition de ce puissant génie. « C'est une volonté plus haute que celle de l'homme, c'est une cause meilleure que le hasard, qui ont préparé sa destinée »(2).

Voyons maintenant quelles ont été les conséquences du Concordat de 1801.

(1) On raconte que, au plus fort de ses violences contre Pie VII, en juillet 1811, l'Empereur s'écria, un jour : « J'ai passé sur un abyme, sans m'en douter; ce Concordat est la plus grosse faute de ma vie ! » mais ce n'était là qu'un cri de colère, et peut-être d'une colère calculée. « *Tragediante, comediante* ».

(2) Card. Wiseman, *loc. cit.*

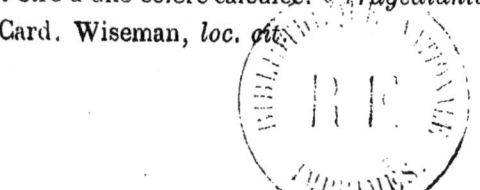

II.

En dehors des conséquences immédiates, que devait produire la publication du Concordat, il en est d'autres, moins prochaines, mais très réelles, très importantes, et que je crois utile de signaler. J'en compte trois principales : la manifestation évidente du caractère moral de la Papauté, la manifestation non moins évidente de sa puissance spirituelle, enfin la garantie légale, donnée à la liberté et à la publicité du culte catholique.

A. Le caractère moral de la Papauté s'était voilé aux yeux de beaucoup de catholiques, à la fin du règne de Louis XV. Cette souveraineté lointaine paraissait somnolente et vieillie, son prestige n'apparaissait plus avec netteté. On eût dit quelque chose de pareil à un tableau, dont le temps et la poussière avaient terni les couleurs, dont le cadre même avait besoin d'être rajeuni. Mais voilà que Pie VI reçoit les nouvelles du grand ébranlement de 1789. Il est déjà plus que septuagénaire ; et c'est à l'heure où, d'ordinaire, les forces physiques, par leur défaillance progressive, amènent une sorte d'affaiblissement dans la volonté, que le Vicaire de Jésus-Christ, arrivé au trône un an à peine après Louis XVI, doit apporter le secours de ses lumières et de sa tendresse à tous les membres du corps épiscopal de France. Sa parole, ses conseils, sa fermeté, sa modération, sa charité ne leur manquent point : il devient leur guide, leur appui, leur oracle.

Entraîné dans l'orbite fatale des révolutions et des guerres, qui troublent toute l'Italie, Pie VI est jeté hors de sa capitale ; on l'emmène en prison jusqu'à ce que, épuisé de fatigues et de douleurs, il arrive à Valence, au commencement du mois d'août 1799. Là, sa présence excite un intérêt, qui augmente de jour en jour. Tout ce que ses gardiens racontent de sa magnanimité, de sa patience, de sa résignation lui fait une auréole, dont l'éclat grandit sans cesse. Enfin, le 13 août, malgré tous les ordres contraires, une foule immense s'est réunie sous les fenêtres du saint captif. On l'appelle, on l'acclame ; il se rend, comme malgré lui, aux vœux de cette multitude, et se présentant à la fenêtre, il étend sur la ville entière, assemblée devant lui, sa main bénissante, en s'écriant : « *Ecce homo* » *!* Quinze jours après, le 29 août, Pie VI expirait.

Ce souvenir de la Passion, présent à la pensée du Pape, était une prophétie. De 1800 à 1814, au milieu de tous les bruits de combats et de victoires, tandis que tombent ou sont menacées presque toutes les monarchies de l'Europe, tandis que de Moscou jusqu'à Madrid, de Paris à Rome et à Naples, le sol tremble sous les pas des armées toujours en mouvement ; la Papauté, incarnée dans le suave Pie VII, demeure présente à toutes les pensées et à tous les regards, comme une victime, dont les douleurs surpassent toutes les douleurs privées et publiques. Ce Pontife si condescendant, dont la bonté avait paru excessive et dans la signature du Concordat, et surtout dans la cérémonie du sacre de l'Empereur, on le voit inflexible et prêt à mourir, sans une hésitation, quand sa conscience s'est heurtée aux limites qu'elle ne peut pas franchir ! Il subit l'exil, la prison, le dénûment, toutes les obsessions des uns, l'abandon et l'ingratitude des autres, la séparation d'avec ses amis fidèles et dévoués, « l'accusation d'être un orgueilleux et un entêté, qui sacrifie tout à l'envie d'exercer sur l'Église une injuste domination » (1). Rien n'abat son courage.

Un seul moment, en 1813, à Fontainebleau, Pie VII se laissa arracher un Concordat, qui portait une atteinte directe aux droits imprescriptibles du Saint-Siège sur l'institution des Évêques. Mais l'humilité et l'énergie, avec lesquelles, dans les conditions les plus gênantes pour sa liberté, il revint sur cet acte et en retira sa signature, révélèrent la hauteur de sa vertu. Napoléon, qui, jusque-là, s'était fait à lui-même, ou s'était laissé suggérer par d'autres, de fausses opinions sur les relations de la puissance civile et de la puissance ecclésiastique, s'imaginait que personne ne pouvait lui résister, et le Pape moins que personne, parce qu'il était alors son captif. « C'était, en apparence, le choc du vase de fer contre le vase de terre ; l'armure d'acier d'un soldat aurait bientôt fait de déchirer le souple et fragile tissu d'une soutane pontificale » (2). Mais non ! Quand le rayon divin eût éclairé sa conscience, Pie VII fut inflexible. Nulle parole caressante ne le gagna,

(1) Alzog, IV, 173.
(2) Wiseman, *loc. cit.*

nulle menace ne lui fit peur. En vain, l'Empereur essaya de le surprendre, en faisant miroiter devant lui la situation brillante et opulente, qu'il méditait de lui faire, à la seule condition que la Papauté consentirait à aliéner son indépendance et à se fixer sur les bords de la Seine. « Faites de moi ce que vous voudrez, répondit le Pape ; mon abdication est signée, elle est en lieu sûr ; vous n'aurez, dans les mains, qu'un pauvre moine ! » (1). Malgré les précautions de la censure impériale, le monde tout entier suivait les moindres phases de cette lutte entre deux souverains, si différents de caractère et de mœurs; on recueillait les paroles hautaines et dures de l'un, les réponses fermes et douces de l'autre. L'autorité morale du Pape grandissait, dans la mesure même où on réduisait son domaine temporel.

B. Et remarquez que, en même temps, à ce Pape, si faible du côté des ressources humaines, Bonaparte avait reconnu le droit d'exercer les plus rares prérogatives de l'ordre spirituel. Contraint par la nécessité, Pie VII usa de ce droit, dans toute l'étendue dont il est susceptible : Il demanda leur démission aux quatre-vingts évêques français, que l'exil, l'échafaud, les maladies, la vieillesse avaient épargnés ; il passa outre au refus de trente-six d'entre eux ; il anéantit, d'un seul coup, toute l'ancienne hiérarchie, pour la ressusciter sous une autre forme ; il fit, dans notre Église, pour la sauver, ce que Mgr. Frayssinous comparaît aux « coups d'état »,

(1) Alzog, IV 137.

qui viennent au secours des institutions politiques. « Le Pape, en 1801, jugea, et se trouva compétent pour juger que le moment était venu de déployer toute la puissance apostolique, et de s'investir, pour un temps, à l'égard de la France, d'une sorte de dictature spirituelle » (1).

Voilà comment, par la force des choses, ceux-là même qui se vantaient « d'être à cheval sur les quatre articles » (2), et de vouloir tenir aux « libertés gallicanes », créaient, sans le vouloir, dans le clergé de France, un penchant irrésistible pour les doctrines, si longtemps flétries du nom d'ultramontaines. On raconte que Napoléon, retrouvant, dans les archives, la minute de la lettre, par laquelle Louis XIV révoquait son Édit sur la Déclaration de 1682, la jeta au feu, en s'écriant : « ces cendres maintenant ne nous donneront plus d'ennui » (3). Ce mouvement d'impatience était inutile. Ce n'était plus une révocation royale, qui anéantissait cette fameuse déclaration, contraire à tout l'enseignement catholique ; c'étaient des faits solennels, souverainement importants, et provoqués par la condition si périlleuse, dans laquelle s'était trouvée la France catholique.

Le Concordat de 1801 obligea le Pape à agir en

(1) Frayssinous, *Vrais principes de l'Église Gallicane*, p. 190.

(2) Parole de Napoléon, rapportée par Mgr. Frayssinous, en 1826, à la Chambre des Députés.

(3) Alzog, IV, 139.

qualité d'administrateur universel des biens de l'Église : à la demande du Premier Consul, Pie VII déclara que, « ni lui, ni ses successeurs ne troubleraient les acquéreurs de biens ecclésiastiques ». N'était-ce pas là encore une reconnaissance explicite de la souveraine magistrature, exercée par le Saint-Siège pour la paix des consciences ?

Enfin, le serment de fidélité envers l'Etat, prescrit pour les Évêques et pour les ecclésiastiques du second ordre, par cela seul qu'il était énoncé et autorisé dans un contrat synallagmatique entre le Pouvoir spirituel et l'Autorité civile, emportait avec soi que, jamais, cette autorité ne commanderait rien, qui puisse être en opposition avec les lois de l'Église catholique : sans cela, le pouvoir national aurait mis, volontairement et sciemment, les consciences chrétiennes dans le péril ou de manquer à leurs engagements ou de trahir leur foi.

Aujourd'hui, du reste, tout serment politique étant aboli, cet article du Concordat n'a plus d'application.

Les catholiques, à tous les degrés de la hiérarchie, — le peuple comme le clergé — doivent au pouvoir établi une soumission, qui n'implique pas nécessairement « la fidélité », dans le sens que l'on donnait autrefois à cette expression. Elle désignait alors une sorte d'attachement intime et personnel, formé par les traditions, les souvenirs, les convictions réfléchies, et garanti par l'honneur. Nous ne devons ni conspirer en secret, ni combattre par passion. Liés à l'Église avant tout, c'est elle aussi que nous devons avant tout servir ;

les protestations ne doivent s'élever, — du moins, de notre part, à nous, prêtres —, que lorsque la cause de l'Église ou celle des âmes sont en péril.

Nous taire alors serait une lâcheté devant les hommes, une faute devant Dieu. Je sais bien que, à l'heure même où l'on décrétait la Constitution civile du Clergé, une sorte de mot d'ordre, donné par une puissance occulte, recommandait, par la voix de Treilhard (1), par celle de Mirabeau, et par les clameurs de la foule, ameutée autour de l'Assemblée Constituante, de lier le Clergé par un « salaire », qui remplacerait une part infime des revenus, dont on l'avait dépouillé. Réduire les Évêques et les prêtres à l'état de « salariés », c'était déjà le rêve de ceux qu'animait l'esprit vraiment révolutionnaire !

Mais saint Paul, qui reconnaissait la légitimité et même la nécessité des offrandes, faites aux ministres de Dieu, en compensation de leurs travaux, eût rougi d'appliquer à ses frères dans le sacerdoce une expression, dont le sens devient humiliant, lorsque leur ministère est considéré comme un métier.

Rien, dans le texte du Concordat, n'autorise une interpétation blessante, à propos du « traitement convenable », promis par l'État, et qui, selon les termes exprès de la Constitution civile, à laquelle il doit être rapporté, fait partie de la dette nationale, et doit être toujours payé intégralement, tel qu'il est dû (2).

Aussi ne puis-je songer qu'avec une tristesse profonde

(1) Séance du 17 décembre 1790.
(2) Art. 1er, tit. 3 de la Const. civ., 24 août 1790.

à la vérité, toujours actuelle, de ces paroles de Lacordaire, datées du 15 novembre 1830 : « Nous sommes payés par des gens, qui nous regardent comme des hypocrites ou des imbéciles, et qui sont persuadés que notre vie tient à leur argent. Ils sont nos débiteurs, sans doute; et c'est le pire que, étant nos débiteurs, ils soient parvenus à croire qu'il nous font une aumône, et une aumône absurde » (1). O grand homme, quelle eût été votre douleur, si l'on avait osé affirmer devant vous que le Concordat a fait de l'Église la servante de l'État ! (2) Servante à laquelle on paye son travail, si ce travail est fait au gré du dispensateur des fonds ! Et voilà pourtant le dernier mot de beaucoup de discours contemporains !

C. Une dernière conséquence du Concordat, — et c'est la plus importante —, c'est celle que le cardinal Consalvi eut le plus de peine à faire entrer dans le texte de l'instrument diplomatique de 1801 ; c'est que « la Religion catholique doit être librement exercée en France, et que son culte y sera public, à la seule condition de se conformer aux règlements de police, que

---

(1) *Mélanges catholiques*, extraits de l'*Avenir*, I, p. 221.
Voyez encore le beau passage, p. 204, se terminant par ces mots : « Ils n'ont pas besoin d'être justes, *vous êtes payés*. Ils n'ont point de comptes à vous rendre, *vous êtes payés !* »

(2) Portalis, en 1801, disait au Conseil d'Etat que « les protestants professent unanimement que l'Eglise est dans l'Etat, et que l'on est citoyen, avant d'être ecclésiastique ». M. Dide s'est souvenu, en 1891, de cet article de son symbole, et a même voulu y astreindre les catholiques.

le Gouvernement jugera nécessaires pour la tranquillité publique. »

Liberté de la religion et publicité du culte! Voilà les deux conditions, qui, depuis quatre-vingt-dix ans, ont permis, en France, à l'Église de Jésus-Christ de se maintenir dans les âmes, et d'y accomplir son œuvre d'apostolat et de miséricordieuse application des mérites divins du Rédempteur. On ne peut pas, chez nous, rejeter légalement le Clergé, hors des temples, reconnus « nécessaires » au culte. On ne peut pas empêcher la libre administration des sacrements ; on ne peut pas limiter la liberté de la prédication évangélique, c'est-à-dire l'enseignement de tous les dogmes du symbole et de tous les préceptes de la morale, — aussi bien de la morale publique, générale et sociale, que de la morale individuelle et privée — ; et toute parole d'instruction religieuse, qu'elle s'adresse aux enfants ou aux adultes, qu'elle soit une conférence ou un catéchisme, n'a pas d'autres juges que l'Église elle-même, par l'intermédiaire de ses légitimes pasteurs.

Vous le voyez, Messieurs : « Considéré dans son ensemble, et dégagé des considérations accidentelles de personnes et de circonstances, le Concordat de 1801 demeure une charte de liberté. La preuve en est dans l'union, satisfaisante en somme, entre l'Église et l'État, qui en est résultée jusqu'à nos jours... » « C'est donc dans un esprit large et conciliant que Gouvernements et Papes ont interprété et appliqué le Concordat, en cherchant tous, comme ils le devaient, à lui faire produire le plus d'avantages possibles pour l'Église et pour l'État. Il n'avait été conclu que dans ce but » (1).

Vous aurez remarqué que je ne vous ai parlé que du Concordat, et jamais des Articles organiques. Ceux-ci, liés au Concordat à l'insu du Pape, malgré les protestations du cardinal Consalvi, et bien que Talleyrand lui-même ait avoué plus tard qu'ils étaient contraires à la liberté et même aux principes du culte (2), ont été votés par le Corps législatif, en 1801. Ils sont donc une loi de l'État ; mais ils ne peuvent prétendre à notre respect ni à notre obéissance, comme si l'autorité spirituelle, — seule compétente en fait de religion —, les avait contresignés. Nous ne pouvons que les subir, en insistant pour que, reconnaissant une erreur dont il n'a pas été originairement la cause, le Pouvoir actuel les révise et les mette en accord avec les principes de la doctrine catholique. Il le doit à nos consciences et à notre foi ; il se le doit à lui-même, puisqu'il veut bénéficier du véritable Concordat, et qu'il est par conséquent tenu de maintenir, « strictement et loyalement », la liberté et la publicité de notre religion.

Je vous ai dit longuement, Messieurs, quelles me paraissaient être les principales conséquences de l'Acte concordataire de 1801.

Un mot maintenant sur son avenir.

(1) M. L. Teste, article de 1882.
(2) Dom Chamard, *la Révolution, le Concordat et la Liberté religieuse*, p. 269.

III.

Un grand écrivain, devenu plus tard un grand évêque, disait, le 28 décembre 1830 : « N'est-il pas naturel de penser que les Concordats vont finir, pour faire place à un ordre nouveau, qui soit plus en harmonie avec le nouvel état du monde? » (1) Et sa réponse, sans être très explicite, penchait vers l'affirmative.

Pour nous prononcer nous-mêmes, avec certitude, sur une si grave question, sans être téméraires, il nous faudrait connaître des événements difficiles à prévoir; il nous faudrait apprécier des circonstances délicates et très longues à énumérer.

Deux opinions sont en présence : l'une en dehors de l'Église, l'autre dans le sein même de l'Église.

En dehors de l'Église, deux courants se dessinent : l'un, libéral et logique, tend à consommer la rupture complète et définitive de tous liens officiels entre l'Église et l'État. « Comment un État, qui développe chaque jour sa laïcité, pourrait-il s'entendre avec l'Église? » « Ces rapports étaient concevables, légitimes, nécessaires, quand l'État était catholique. Peuvent-ils subsister, maintenant que l'État a cessé de l'être, pour devenir athée, comme la Loi? » « Ces rapports répondaient à une situation, qui n'existe plus, qui ne renaîtra jamais. »

---

(1) *Mélanges catholiques*, I, 169. — Cette partie du Discours n'a été reproduite, dans les journaux, que d'après une analyse rapide. Nous en rétablissons ici le texte intégral.

« L'humanité ne rétrograde pas : son enfance a été religieuse ; sa maturité doit être affranchie, et elle l'est déjà dans le monde entier. »

« La sécularisation absolue devient un devoir pour tous les États. La conscience individuelle doit être laissée à elle-même. Il ne faut plus de religions, qui prétendent à se faire reconnaître comme des puissances souveraines, indépendantes dans leur domaine. Ou, du moins, ces prétentions doivent être comme non-avenues aux yeux de la société civile. »

Un autre courant s'accuse, surtout dans les sphères politiques. Là, au contraire, on tient à maintenir strictement et rigoureusement le Concordat.

C'est un moyen de gouvernement. Par là, « on prolonge, et on aggrave la servitude de l'Eglise particulière, dont on s'est fait le tuteur, et l'on atteint l'Église universelle elle-même, dont on paralyse l'action. »

« Qui donc, du côté des adversaires de l'Église, conseillerait au Gouvernement de prendre l'initiative de dénoncer le Concordat, franchement, ouvertement ? Ne vaut-il pas beaucoup mieux le fausser, le démolir pièce à pièce, l'émietter, annuler hypocritement celles de ses clauses, qui sont favorables à la liberté du culte catholique en France, tout en usant sévèrement, avec exagération, des avantages que cet acte a concédés au pouvoir civil ? C'est ce que l'on appelait, l'autre jour, dans nos Chambres, « la pratique du Concordat ».

Quant à donner à l'Église la liberté, dont elle jouit, par exemple, aux États-Unis, on n'y songe point.

« *Si vous donnez la liberté complète à l'Église,* dit
» un de nos hommes d'état, si vous ouvrez le champ à
» l'esprit de domination, qui est son essence, *vous pouvez*
» *vous demander ce que deviendront les destinées, non*
» *pas du pays, mais de nos Institutions actuelles.* Si
» vous ne voulez pas lui donner la liberté — *et quant*
» *à moi, je ne la lui donnerais jamais* — que ferez-
» vous ? » Ce que l'on fera : on « appliquera le Concordat, comme on le comprenait sous les anciens
régimes ». On créera une confusion volontaire dans
les esprits, en promettant de maintenir le Concordat,
sans expliquer ce que l'on entend par « les lois du
pays », en matière concordataire.

Lorsque, nous catholiques, nous parlons du Concordat,
nous entendons l'acte signé par le pape Pie VII et le
Premier Consul : acte légitimement consenti, au nom du
clergé et des catholiques, par leur Chef spirituel.

Au contraire, lorsque nos adversaires parlent des
« lois du pays », en matière concordataire, ils songent
uniquement aux articles organiques, que le Pape n'a
jamais acceptés ni ratifiés.

Ce sont ces articles, que l'on conseille au Gouvernement d'appliquer « strictement », parce qu'ils dénaturent
le caractère du Concordat et parce qu'ils sont, non pas
une œuvre de pacification, mais un instrument violent
de despotisme et d'oppression.

Au sein de l'Église elle-même, trois courants se sont
prononcés assez nettement. On a entendu les Rédac-
teurs de l'*Avenir* conseiller aux jeunes générations

catholiques cette solution, que Lacordaire proposait avec la vive éloquence de son âme, si prompte à l'indignation, parce qu'elle était prompte à tous les sentiments élevés : « Nous sommes loin de toucher à l'œuvre du grand Pontife, qui signa le Concordat de 1801; mais nous attaquons l'acte d'insigne mauvaise foi, par lequel on change, tous les ans, l'acquit d'une dette en un don : métamorphose, dont nous serons les victimes, jusqu'à ce que nous consommions le sacrifice entier de nos droits... Renonçons de nous-mêmes à tout traitement. Nos veilles alors n'auront d'autre salaire que leur indépendance ; et nous ne saurons du lendemain qu'une chose, c'est que la Providence se lèvera plutôt que le soleil ! » (1)

La rupture volontaire du Concordat, ce serait la fin de la servitude, ce serait l'heure de l'affranchissement !

D'autres catholiques, persuadés que l'Église et l'État peuvent, encore aujourd'hui, marcher de concert, voudraient tout conserver du pacte réparateur, intervenu entre le Pape et le Premier Consul, pourvu qu'on leur garantisse l'observation complète, c'est-à-dire loyale, du Concordat.

Enfin, ceux, qui sentent peser sur leurs épaules le fardeau de responsabilités, de plus en plus lourdes, se tournent vers le Vicaire de Jésus-Christ et demandent à sa sagesse de leur indiquer la route à suivre.

Vous n'attendez pas de moi, Messieurs, que je vous indique avec certitude cette route ; mais il me sera bien

(1) *Mélanges catholiques,* 206.

permis de vous déclarer que, tout en étant évêques ou prêtres, nous demeurons des hommes, ayant au cœur des sentiments de fierté et d'honneur, auxquels nous ne souffrirons pas que l'on ose toucher. Jésus-Christ nous commande l'obéissance ; mais ce n'est plus obéir que de supporter des injures, injustes autant que gratuites, et qui s'adressent, moins à nous, qu'à la cause elle-même, dont nous sommes les représentants. Cette cause, nous lui devons de ne la laisser ni profaner ni avilir.

Les paroles de Mirabeau me reviennent à l'esprit. Irrité de la fière attitude des membres du Clergé, a l'Assemblée Constituante, pendant le vote sur la confiscation de leurs biens, il s'écriait, avec une envie, qui trahissait une involontaire admiration : « Nous leur avons pris leur argent, mais ils ont gardé leur honneur ! »

Comme expression de ma propre pensée, je vous répèterai ce que disait le saint et illustre abbé Gerbet.

« Les Concordats furent un grand acte de sagesse, mais de cette sagesse, qui cède à regret à la tyrannie des temps. Leur mérite se composa des malheurs qu'ils écartèrent. Fils d'une époque violente, ils naquirent sous des auspices funèbres, et les souffrances de l'Église couvrirent leur berceau d'un nuage ».

« Ils étaient destinés à répondre aux nécessités particulières d'une époque ; et tant que cette époque n'est pas épuisée, la prudence commande de ne pas hâter la lente agonie d'un ancien ordre de choses, jusqu'à ce que tout soit préparé pour un renouvellement... Jamais, dans le cours des longues épreuves du Pontificat Romain, il n'a été aussi manifeste que Dieu lui a donné plus que la vertu de patience : il lui en a donné le génie ».

« Si les nations, en effet, comptent par années, l'Église compte par siècles... Elle sait souffrir beaucoup du présent, parce que l'avenir, qui lui appartient, est déjà le présent pour elle ».

« La Papauté d'ailleurs sollicite, de la part de ses fils, les gémissements qui l'éclairent, comme d'autres gouvernements implorent les flatteries qui les perdent. Toute plainte respectueuse, adressée à Rome, est un acte de foi dans sa justice ; tout cri d'alarme, poussé vers elle, un hymne d'amour à l'unité catholique ».

Ces plaintes respectueuses, ces cris d'alarme, ne les avez-vous pas entendus, Messieurs ? Que dis-je, ne les avez-vous pas poussés vous-mêmes, voulant que le Souverain-Pontife ne soit pas renseigné seulement par ceux « qui réduisent le Concordat à n'être plus, entre leurs mains, qu'un instrument ingénieux, au moyen duquel on ravit de fait à l'Église tous les droits qu'on semblait lui garantir ». La presse catholique, par ses journaux et ses revues, révise et complète aujourd'hui toutes les relations orales, que les gouvernements entretiennent avec le Pape ; et jamais le Père commun des chrétiens n'a pu mieux savoir ce qui se passe dans chaque État ; Il peut contrôler tout ce qu'on lui dit et se faire à Lui-même une opinion, plus sûre et plus exacte que toutes les informations officielles. Des réunions comme la vôtre apportent au Saint-Siège le plus précieux concours, ne serait-ce que par leurs comptes-rendus, où Il peut lire l'expression sincère et vivante des sentiments véritables des fidèles de chaque pays.

Et le mouvement de liberté que vous inaugurez, Messieurs, ne saurait être perdu pour la première des forces sociales, c'est-à-dire pour la Religion. Vous voulez renouveler et rajeunir le principe d'association ; vous appelez toutes les professions à se former en syndicats ; comment la religion catholique, inspiratrice et régulatrice des anciennes Corporations, des antiques Confréries, ne profiterait-elle pas, la première, de ce retour vers des institutions que son esprit et son influence avaient rendues si fécondes en grands résultats ?

Je terminerai ce discours en formulant des vœux, auxquels, je l'espère, vous voudrez bien vous associer.

Que l'Église soit mieux connue! Que les préjugés, semés et entretenus contre elle, soient enfin dissipés ; et qu'on la voie telle qu'elle est, telle qu'elle fut toujours, « sagement libérale, amie du progrès, bonne aux peuples qui lui furent soumis ! »

Que son indépendance spirituelle soit assurée, et que tombent à terre tous les obstacles, par lesquels on gêne sa marche et on essaye d'entraver son action! Par dessus tout, que sa hiérarchie soit libre de s'unir et de se concerter, revenant aux formes antiques des synodes ou des conciles, où se sont posées les lois de la croyance aussi bien que celles de la discipline et des mœurs !

Pourquoi, à la fin de notre âge tourmenté, ne verrions-nous pas se réaliser le souhait d'un évêque, distingué par sa science, par sa vertu, plus encore que par la haute situation à laquelle l'avait appelé la confiance de son souverain? Le 26 mai 1826, Mgr. Frayssi nous exprimait, devant les Chambres, le désir de voir rétablir les anciennes « Assemblées du Clergé », si célèbres en France, depuis le seizième siècle. « Dans ces assemblées, disait-il, les Évêques apprenaient à se connaître, et ils en sortaient avec des sentiments plus profonds d'estime et d'amitié réciproques... Par là ils établissaient entre eux une conformité de principes et de vues, qui, sans cela, ne peut exister, et qui serait si précieuse! »

Ah! que ces vieux usages soient remis en honneur! Aux heures de crise, alors, on n'entendra plus seulement des voix isolées, qui se répondent, de distance en distance, comme se répètent les mots d'ordre des sentinelles, à l'aspect du danger. On entendra la voix unanime de l'Épiscopat; et cette voix, si forte, si retentissante, comment l'étouffer? Ce sera la voix même de la Patrie, réclamant le droit de demeurer fidèle à sa vocation, le droit d'être toujours la Fille aînée de l'Église : *Fata Galliæ restituta!*

POST-SCRIPTUM

L'*Univers* du 1er janvier 1892 a inséré une « note d'un savant théologien », que nous reproduisons ici, parce que, surtout pour un Évêque, « l'exactitude » devant être la règle suprême de l'enseignement, il nous serait pénible d'avoir mérité le reproche, qui nous est fait par cet ecclésiastique éminent.

Voici cette note :

« Un savant théologien nous adresse la note suivante :

Puisque le Concordat est à l'ordre du jour, il est de la plus haute importance que l'on garde, en en parlant, la plus rigoureuse propriété des termes.

1° On a dit et l'on répète : le Concordat est un traité entre deux puissances *égales*. Non, les deux parties contractantes ne sont pas *égales*. Elles ne sont pas de même ordre. La France, l'Allemagne, la Belgique et la Suisse sont des puissances juridiquement *égales*. L'Église, société religieuse parfaite, est *une*, et n'a pas d'*égale*. Tout au plus doit-on convenir que le Pape, en tant que souverain temporel, en agissant comme tel, a une puissance égale, sinon supérieure, à la puissance d'un souverain quelconque. Dans un Concordat, le Pape agit comme chef de l'Église, et non, abstractivement, comme souverain temporel.

A mon humble avis, on peut et l'on doit exprimer ainsi la vérité.

2° Mgr. l'Evêque de Montpellier, si exact d'ordinaire, dit que les Articles organiques sont *une loi d'Etat, une loi civile*. (Discours de Mgr. de Cabrières. — L'*Univers*, numéro du mercredi 16 décembre 1891.)

Il est bon de dire très haut que les Articles organiques ne sont pas *une loi*. Joints subrepticement au Concordat, ils ont été purement et simplement présentés à la ratification du Corps législatif, comme fixés, aussi bien que le Concordat, entre les deux parties contractantes : « *Toutes ces opérations*, dit Portalis, *ne pouvaient être matière à projet de loi* ; elles participent à la nature d'un véritable contrat » (1).

Ainsi s'exprime Portalis, dans son rapport au Corps législatif. Donc, en droit, les Articles organiques *sont nuls* : 1° puisque jamais ils n'ont été consentis par le Pape, et 2° puisqu'ils n'ont pu être matière à projet de loi. »

Nous ne ferons que deux remarques sur cette note. 1° A notre avis, quand le Souverain-Pontife consent à traiter avec un gouvernement, Il traite toujours, nécessairement, en son double caractère de Vicaire de Jésus-Christ, Chef de l'Église, et de Prince temporel. Et quoique « l'Église, société parfaite, soit *une*, et, *comme telle*, n'ait pas *d'égale* », en fait, on peut dire et on dit, sans blesser la théologie, puisqu'on parle alors le langage commun et courant de la conversation, que le traité, issu des négociations entre l'Église et l'État, est un traité entre deux puissances *égales :* l'égalité

---

(1) La fin de cette citation n'est pas à cette place dans le texte de Portalis. Elle en est séparée par un assez long paragraphe.

porte, non sur les privilèges surnaturels, attachés à l'essence même de l'Église, mais sur la situation extérieure, dont l'Église est en possession, depuis des siècles, au milieu des gouvernements européens.

2° Malheureusement, les *Articles organiques* sont *une loi de l'État.* Nuls et non-avenus, devant la conscience catholique, puisque le Pape a constamment protesté contre leur rédaction et contre leur adjonction au Concordat proprement dit, ils ont été promulgués sous le titre de « Loi relative à l'organisation des Cultes », le 18 germinal an X.

Nous avons, sous les yeux, le texte authentique de la promulgation, imprimé à Paris, chez *Rondonneau*, au dépôt des lois, place du Carousel, an X; il est intitulé: « *Loi*, qui ordonne de promulguer et exécuter, *comme lois de la République:* 1° la Convention,... 2° *les articles organiques* de ladite Convention,... 3° les articles organiques des cultes protestants ».

Enfin, si nous ne nous trompons, dans la citation alléguée du discours de Portalis, « les opérations », dont parle cet homme d'État, désignent plutôt ce que l'on pourrait appeler les *préliminaires* du Concordat que le Concordat lui-même ou les articles organiques, soit catholiques, soit protestants. Elles indiquent en effet, dit Portalis, les manières diverses dont il a fallu traiter avec les divers cultes, à cause « de leur existence, qu'ils ne tiennent pas des lois, et de leur origine, qui ne prend pas sa source dans des volontés humaines ». Et, bien que le savant Rapporteur ne veuille pas, théoriquement, donner à la Convention de 1801 et aux Articles organiques le nom de *loi*, parce que, d'après lui, « toute loi doit être l'expression de la volonté générale, de la volonté souveraine et nationale », il n'en conclut pas moins, en demandant « aux citoyens législateurs », de « donner à ces actes l'espèce de sanction qu'ils comportent », et de « consacrer ainsi l'important résultat, qui va devenir l'objet de l'un de leurs décrets les plus solennels ».

www.ingramcontent.com/pod-product-compliance
Lightning Source LLC
Chambersburg PA
CBHW060516050426
42451CB00009B/1018